Die Pretuler Buam

Chronik ihrer unvergesslichen Zeit

*H*och am Königskogel

do geht da *W*ind und Sturm

und im *T*ol herunt spüln die

„*P*retuler Buam"

© 2011 Franz Preitler

2. überarbeitete Auflage

Herausgeber Franz Preitler, A-8010 Graz
Autoren Franz Preitler & Fritz Schöggl
Erstausgabe 2008

Verlag: tredition GmbH
ISBN: 978-3-8424-2362-6
Printed in Germany

Bibliografische Information der Deutschen Nationalbibliothek:
Die Deutsche Nationalbibliothek verzeichnet diese Publikation in der Deutschen Nationalbibliografie; detaillierte bibliografische Daten sind im Internet über http://dnb.d-nb.de abrufbar.

*I*nhaltsverzeichnis

Geleitworte   6

Die Heimat der Pretuler Buam   8

Die Pretuler Buam   12

Geschichte und Erfolge   25

Von der Komposition zum Titel und Plattencover   38

Meilensteine der Laufbahn   41

Diskographie 1960 - 1980 und Liedtexte   42

Goldene Ereignisse   52

In memoriam – Dr. Karl Panzenbeck   57

Die Buchpräsentation   62

Presse   64

Ausstellung   67

Fotos zur Veranstaltung   68

Liebe Leserinnen und Leser!

Wenn über die „Pretuler Buam" in der heutigen Zeit gesprochen wird, so ist uns die Beliebtheit und Bekanntheit der überaus erfolgreichen Langenwanger Volksmusikgruppe sofort in Erinnerung.

Seit dem Gründungsjahr 1960 bis zum letzten Auftritt im Jahr 1980 waren die Pretuler Musikanten ein Meilenstein in der musikalischen Geschichte unserer Marktgemeinde. Viele Auftritte weit über die Grenzen unseres Bundeslandes hinaus waren für Langenwang ein großer Werbefaktor in verschiedensten Bereichen.

Musik verbindet Menschen, unterhält Menschen in allen Lebenslagen und bringt Freude für alle Generationen. So waren und sind auch heute die Pretuler Buam ein Anstoß für viele Menschen, eine musikalische Ausbildung zu absolvieren.

Viele Langspielplatten und CDs bringen ihre unverkennbare Volksmusik in Erinnerung. Sie werden auch für die Zukunft unvergesslich bleiben.

Ich bedanke mich im Namen der Bevölkerung unserer Marktgemeinde bei den Herren Franz Preitler und Fritz Schöggl, dass sie die Geschichte der Pretuler Buam niedergeschrieben haben und präsentieren.

Dir. Max Haberl
Bürgermeister der Marktgemeinde Langenwang

Liebe Freunde der Volksmusik!

Es ist mir Ehre und Vergnügen, im Namen meiner Musikkollegen die Chronik der Pretuler Buam in diesem Buch präsentieren zu dürfen.

Wie so oft gilt auch hier einmal mehr die Regel, dass das neu entstandene Ganze aus einer Summe von sehr wichtigen und kleinen Einzelteilen besteht.

Halten Sie bitte beim Lesen ab und zu inne. Schon bald kann man zwischen den Zeilen entdecken, dass Sie die Pretuler Buam auf ihre ganz persönliche Reise eingeladen haben. Eine Reise, auf welcher wir über 20 Jahre hindurch von Volkstum und Musik aus unserer Heimat begleitet wurden. Sehr viele Fotos sind dabei entstanden und zahlreiche schöne Lieder wurden komponiert und für das treue Publikum aufgespielt.

Ganz am Schluss, wenn Sie das Buch mit den vielen Erinnerungsfotos gelesen haben, entspannen Sie sich bitte bei einem Lied oder einem Text der Pretuler Buam und lehnen Sie sich zurück. Mögen Sie all die Bekannten aus diesem Buch treffen und dabei verstehen: sie sind noch immer Ihre Freunde.

So ist es mir gemeinsam mit Franz Preitler ein ganz besonderes Anliegen, Sie liebe Leserinnen und Leser auf eine musikalische Spurensuche in die Vergangenheit mitzunehmen, die bis in die heutigen Tage klingende Volksmusikkultur verbreitet.

Fritz Schöggl

Die Heimat der Pretuler Buam

Von einer prächtigen Landschaft mit herrlichen Zeugnissen menschlichen Könnens lässt sich gar leicht ein hohes Lied singen, es lässt sich sehr gut auf Märkten und Gassen verkaufen. Heimat und Heimaterleben sind vielschichtige Begriffe und jeder kommt auf einem anderem Weg zu jener tiefen Verbundenheit, die ihm tagtäglich zeigt, wie sehr eine Heimat Wurzelboden ist für alle, die ihr zugetan sind.

Das schöne Mürztal zählt zu den waldreichsten Gebieten der Steiermark und nicht umsonst taufte sein größter Sohn es Waldheimat. Heimat ist Wurzel, aber auch Stamm und Blatt und Blüte. Ein besinnliches Heimatlied gibt innere Freude und öffnet das Herz in einer besinnlichen Stunde.

Ansichtskarte von 1913
Mürztal, Hohe Veitsch und Schneealpe aus der Vogelschau

Langenwang ist der Heimatort der Pretuler Buam und ein Erholungsort mit 1000jähriger Geschichte und langer kultureller Vergangenheit. Die Marktgemeinde Langenwang zählt zu den waldreichsten Gemeinden Österreichs und hat ihren Charme und ländlichen Charakter bewahrt.

Die günstige Verkehrslage zwischen Wien und Graz ist für die einheimische Bevölkerung und für Besucher von überall her geradezu ideal. Langenwang gehört zu den größeren Ortschaften der Steiermark und liegt am linken Mürzufer.

Im Gemeindegebiet Langenwang erinnern Namen wie Glawoggengraben, Pretul und Illach an die slawischen Siedler, die auch zahlreichen Bergen und Fluren ihre heutige Bezeichnung gaben. Langenwang mit seiner Geschichte und im Erleben seiner Gegenwart ist für die Menschen eine lebenswerte Wohngemeinde mit heimlichen Schönheiten, zu denen selbst auch die Blumen am Wegesrand, in Wald und Feld und Garten gehören.

Der Brauchstumpflege wird in Langenwang große Bedeutung beigemessen. Die Gemeinde und der Kulturverein sind stets bemüht, die Struktur des Ortes zu erhalten und neu zu beleben. Die Pretuler Buam haben sehr viel zum heutigen Bekanntheitsgrad der Marktgemeinde Langenwang beigetragen.

Die St. Andreaskirche ist das älteste Bauwerk der Gemeinde. Der Ort Langenwang in Peter Rosegger's Waldheimat hat sich aus einem typischen Straßendorf entwickelt. Am 1. Jänner 1972 wurde der ansehnliche Ort feierlich zum Markt erhoben.

Unweit von Langenwang führt eine Straße in den schönen, stillen Pretulgraben, der sich als lichtgrüner Streifen zwischen hohen dunklen

Waldbergen hinzieht. An seinem Ende lagert die Pretulalpe. Am Eingang in diese stille Welt erhebt sich ebenfalls ein Berg, der Königskogl genannt wird. Über das Geschehen dieses Berges gibt es eine schöne Sage und auch in den Liedern der Pretuler Buam kommt der Königskogl sehr oft vor.

Ansichtskarte von 1911
Langenwang mit Blick in den Pretulgraben und auf den Königskogl

Der Weg auf die schöne, stille Pretuler Alpe führt, wie viele andere auch, von Langenwang im Mürztal durch den Pretulgraben und ist weiter über Almwege (Ganzalpe) leicht und bequem zu bestreiten.

Die idyllische Landschaft entlang des rauschenden Pretulbaches, vorbei am Fuße des Königskogels, aber auch die Aufgeschlossenheit allem Neuen gegenüber prägen das traditionelle und kulturelle Leben in diesem schönen Tal, welches häufig in den Liedern der Pretuler Buam besungen wird.

Gasthaus Kaindl (links mit Maibaum) und die Feinerschmiede (rechts) im Jahre 1936

Zwei Anlaufstellen der Pretuler Buam liegen in diesem Graben. Zum Einen ist es das Gasthaus Kaindl (zur Jägerwirtin), wo die Musikgruppe häufig aufgespielt hat. Zum Anderen liegt im Pretul-graben die bekannte Feinerschmiede, in der Aufnahmen für ein Plattencover der Pretuler Buam stattgefunden haben.

Die Pretul, oder auch die Pretuler Alpe genannt, liegt im schönen waldreichen Bezirk Mürzzuschlag in der Steiermark. Sein Gipfel liegt auf einer Seehöhe von 1.656 m in den Fischbacher Alpen. Der Name Pretul stammt aus dem Slawischen und ist auf die Lage dieses wanderbaren Berges zurückzuführen. Er lautete bereits 1289 „Predul", was soviel wie Zwischental bedeutet.

Sowohl die wunderschönen Pflanzen und Blumen als auch die große Vielfalt in der Tierwelt am Pretul liegen den Naturliebhabern sehr am Herzen. Sehr schön ist eine einfache Wanderung über die weiten Almböden zwischen Stuhleck, Pretul und Hauereck mitten in Peter Rosegger's Waldheimat.

Die Pretuler Buam

Fünf Pretuler widmeten sich in ihrer Freizeit der steirischen Volksmusik und nannten sich „Pretuler Buam". Innerhalb kürzester Zeit erlangten die fünf Musiker mit ihrem eigenen Musikklang große Beliebtheit und machten dem Namen „Pretul" alle Ehre.

Wer mit der Volksmusik vertraut ist, genießt es auf den Spuren der Pretuler Buam zu wandern, um in deren Liedern ihre Heimat zu entdecken.

In den Anfangsjahren
von links: Peter Wagner, Alfred Dissauer, Albert Feiner, Richard Zisser und Fritz Schöggl

Den Namen „Volkslied" verdankt die Volksmusik dem Schriftsteller und Philosophen Johann Fritz Herder (1744-1803). Als Volksmusik bezeichnet man die traditionelle, in vielen Fällen schriftlose überlieferte Musik verschiedener Völker sowie Regionen. Sie ist für bestimmte Regionalkulturen charakteristisch.

Im heutigen Sprachgebrauch bezeichnet man als Volksmusik auch eine Abwandlung der Unterhaltungsbranche bzw. der modernen Unterhaltungsmusik mit Elementen der traditionellen Volksmusik.

Die technische Entwicklung in der zweiten Hälfte des 20. Jahrhunderts (Schallplatte, Tonband, Radio, TV- und Videotechnik) hat zu einer ungeheuren Vermehrung der Volksmusik geführt. Dadurch ergaben sich grenz- und stilüberschreitende Einflüsse quer durch das Alpenland. Zu keiner Zeit vorher wurde im Lande von so vielen Menschen gesungen und musiziert.

Wer sich die Zeit nimmt und sich echte Volksmusikanten, wie die Pretuler Buam anhört, der wird rasch begeistert sein von dem frischen Schwung der zünftig aufg'spielten Musi und sagen: „a g'scheite Musi!". Es geht dabei um mehr als Musizieren – die echte Volksmusik ist nämlich ein Bestandteil der Brauchtumspflege.

Der Gruppenname „Pretuler Buam" setzt sich aus der Herkunft der Musikanten sowie aus dem Begriff Buam zusammen. „Buam" stammt aus der steirischen Mundart, die unter anderem in Literatur und Musik verwendet wird. Der Name bedeutet Bub oder junger Mann.

Der Dialekt ist ein Stück Kulturgut, das erhalten bleiben soll. Die Sprachform ist so etwas wie ein Markenzeichen jeder Region und zeigt die Verbundenheit zur Heimat.

Sehr viele Liedertexte der Pretuler Buam sind in Dialekt verfasst, z.B. „Unser Hoamtgrabn", „s'traurige Dirnderl" und „mei liabe Schwoagerin".

Hoch am Königskogl
do geht da Wind u. Sturm
und im Tol herunt
spüln die
Pretuler Buam„

Alfred Dissauer - *Portrait von Willi Windhaber auf der Hausmauer*
vom Dissauerhaus aus dem Jahre 1960 (Pichlwangergasse 48 in Langenwang)

Man schrieb das Jahr 1960, als Alfred Dissauer seine Idee, mit vier weiteren Musikanten aus dem Pretulgraben eine Volksmusikgruppe zu gründen, in die Tat umsetzte.

Anfangs wollten die Pretuler Buam nur zur eigenen Unterhaltung aufspielen. Frei nach dem Motto „alle Mitglieder kommen aus dem Pretuler Tal" spielten und komponierten die Fünf.

Das Bild der legen-
dären Pretuler Buam
war geprägt durch das
Vorbild des
legendären Edler
Trios. Franz Edler (in
der Bildmitte) war
der Gründer und
Namensgeber dieses
Trios, das sich aus
ihm mit der steirischen

Harmonika, einer Klarinette (Hermann Sommer, links) und einer Armeeposaune (Josef Haim, rechts) zusammensetzte. Das beliebte Edler Trio musizierte 12 Jahre hindurch von 1946 bis 1958 in Rundfunksendungen. Im Jahre 1960 spielte das Trio beim Brautaufwecken der Tochter Franz Edlers zum letzten Male.

Moderator bei den Auftritten des Trios war seinerzeit schon der bekannte Humorist aus Langenwang, Dr. Karl Panzenbeck, der ebenfalls die Pretuler Buam bei ihren Auftritten begleitete. Zu einem der größten Erfolge des „Edler Trios" zählte die Teilnahme bei einem internationalen Musikfestival in England (Volksmusiktreffen) mit 34 Nationen aus der ganzen Welt. Bei dieser Volksmusikwertung konnte das Trio mit seiner Musik 12.000 begeisterte Besucher überzeugen und den beachtlichen zweiten Platz belegen!

Der Unterschied in der Musik der Pretuler Buam zum Edler Trio liegt in der zweiten Klarinette. Zusätzlich haben die Pretuler Buam aus der Stilistik des bekannten Slavko Avsenik noch die Schlaggitarre übernommen – und fertig war der eigenständige Klang der Pretuler Buam.

stehend von links: Albert Feiner, Alfred Dissauer und Fritz Schöggl
sitzend von links: Richard Zisser und Peter Wagner

Der Stolz der Pretuler Buam war immer ihr eigener, unvergleich-licher Musikklang mit zwei Klarinetten, zu dem Slavko Avsenik, Gründer des Original Oberkrainer Quintetts, mit musikalischer Kollegialität und hoher Wertschätzung herzliche Glückwünsche vermittelte.

Die Tracht der Pretuler Buam bestand aus einer Lederpumphose mit grünen Stutzen sowie einem schwarzen, mit Blumen bestickten Leibel zu einem weißen Hemd und einem roten Tücherl.

Dazu trugen die Fünf einen „Steirerhut" mit grüner Krempe (sog. Erzherzog Johann Hut) und einen Ledergürtel mit der Aufschrift „Pretuler Buam" in rot, eingerahmt und umgeben von zwei Edelweißblüten.

Es gehört eben auch das richtige G'wand dazu, sprich eine zünftige Tracht mit Lederhosen ist stets dabei. Nur so kann die richtige Stimmung vermittelt werden, die Volksmusik zum echten Hochgenuss macht. Nicht von ungefähr sind zahlreiche Volksmusikanten gleichzeitig auch Trachtler.

Alfred Dissauer

...musizierte von 1960 bis 1980 die 1. Klarinette. Die Klarinette ist ein Musikinstrument aus der Familie der Holzblasinstrumente und spielt in der Volksmusik eine große Rolle.

Albert Feiner

...spielte von 1960 bis 1980 die Klarinette

*F*ritz *S*chöggl

...auf dem Bariton von 1960 bis 1980. Das Bariton ist ein Blechblasinstrument, das dem Tenorhorn sehr ähnelt.

Peter Wagner

...von 1960 bis 1980 auf der Gitarre. Er wurde auch „Steirischer Les Paul" genannt. Zur Erklärung: Die Les Paul (unter Musikern umgangssprachlich auch „Paula" genannt) ist eine E-Gitarre.

Richard Zisser

...machte von 1960 bis 1970 mit der steirischen Harmonika (Knopferl-Harmonika) Musik bei den Pretuler Buam.

*H*ermann *R*iegler

...spielte von 1970 bis 1980 die Harmonika. Die steirische Harmonika hat mit der Volksmusik einen enormen Aufschwung erfahren und ist nicht mehr wegzudenken.

Die Pretuler Buam haben bei all ihren Auftritten stets live gesungen und niemals Playback. Ihre Musik setzte sich aus den Richtungen Polka, Masur (Veitscher Ochsengalopp genannt), Polker Franzee, Walzer, Marsch, Boarischer und Ländler zusammen.

Von den rund 50 Titeln der Schallplatten- und Kassettenaufnahmen sind der Großteil eigene Kompositionen und geistiges Eigentum der Pretuler Buam.

Vor allem aber der natürliche Klang ihrer Instrumente ohne Verstärker, Computer, Elektronik wirkte echt und war für ihr treues Publikum mehr als nur überzeugend!

Ganz gewiss gehörte aber auch die einmalige Ausstrahlung dazu, die von ihrer unverwechselbaren Volksmusik ausging und die echte Begeisterung aufkommen ließ.

Das kraftvolle, urwüchsige und lebendige Spiel bodenständiger Volksmusikanten zieht einen unwillkürlich in seinen Bann!

Geschichte und Erfolge

Der Erfolg der Pretuler Buam stellte sich sehr schnell nach ihrer Gründung ein und es folgten bald immer größere Auftritte bei Bällen, auf Hochzeiten, bei Bunten Abenden sowie auf Sommer- und Geburtstagsfesten. Die Musiker blieben jedoch trotz der zahl-reichen Anerkennung immer bescheiden und ihrem Publikum stets treu.

Die erste große Chance, ihr Können auch überregional unter Beweis zu stellen, war die Sendung „Probier's einmal" beim Rundfunk Steiermark. Am 13. April 1962, also zwei Jahre nach Gründung der Gruppe, kam per Telefon das Angebot der Wiener Schallplattenfirma „Polydor", Plattenaufnahmen zu machen. Polydor und der Plattenproduzent waren auf die Pretuler Buam und deren Erfolge aufmerksam geworden und kamen von sich aus auf die Fünf zu.

Plattenaufnahme im Polydor-Studio

1924 wurde die Polydor als unabhängiges Label der Deutschen Grammophon in Berlin gegründet, unter welchem fortan auch die Schallplattenaufnahmen der Pretuler Buam vertrieben wurden.

Zu den bekanntesten Musikern der Polydor gehörten zu dieser Zeit die Bee Gees, Roy Black und Renate Kern sowie die erfolgreichsten Langspielplatten von James Last, um einige zu nennen.

Ebenfalls zwei Jahre nach Gründung der Pretuler Buam erscheint am 14. Juli 1962 in der Zeitung „DER OBERSTEIRER" folgender Bericht:

Auch das Mürztal hat seine „Buam": Fünf Bleckmann-Arbeiter komponieren und spielen Volksmusik:

Wenn auch noch Männer jüngeren Jahrgangs, so sind es dennoch keine Buam mehr. Und trotzdem – weil es heutzutage scheinbar Mode ist – nennen sie sich „Pretuler-Buam", die fünf im Pretulgraben bei Langenwang wohnhaften und sämtliche als Handwerker bei Schoeller-Bleckmann Mürzzuschlag-Hönigsberg beschäftigten Musiker, die – so scheint es – derzeit ganz gut im Kommen sind.

Den ausführlichen Zeilen kann man entnehmen, dass man das Motto der Pretuler Buam „alle aus dem Pretuler Tal" auf Anhieb verstanden und Ernst genommen hat.

Unter dem Motto „Volksmusik aus Österreich" wirken diese fünf Mürztaler bereits seit Jahren in ihrer Freizeit und in einigen Tagen werden die ersten Schallplatten-Aufnahmen herauskommen, die auf Grund eines Vertrages mit

Polydor – gemanagt durch ihren rührigen jungen Manager Heinz Veitschegger, einem Mürzzuschlager Stadtwerke-Angestellten – zustandekamen.

Mit dieser Bezeichnung „Volksmusik aus Österreich" weist man die interessierten Leser darauf hin, dass die Pretuler Buam bereits nach kurzer Zeit weit über den Pretulgraben und die Steiermark hinaus durch etliche Medien bekannt geworden sind. Die einheimischen Fans und Freunde freuten sich mit der Gruppe über den Anklang, den die Musik der Pretuler Buam fand und begleiteten sie patriotisch zu vielen der Auftritte.

Über zwei Jahre sind sie nun in ihrer heutigen Besetzung beisammen, die Langenwanger „Pretuler-Buam", und mindestens zweimal in der Woche wird fleißig geprobt. Recht sauber sehen sie aus in ihren grauen Lederpumphosen, steirischen Leibeln und den roten Tücheln zum weißen Hemd. Wenn sie auch vorwiegend im Mürztal zu Unterhaltungsveranstaltungen spielen – im Fasching „zerreißt" es sie förmlich –, so absolvierten sie aber auch schon zahlreiche Gastspiele in anderen Orten Steiermarks und auch in anderen Bundesländern.

Darüber hinaus sind sie in den Wunschsendungen von Radio Graz häufig zu hören. Sie spielen nicht nur ausgezeichnet, sondern komponieren auch fleißig. Ganz selbstverständlich, dass sie einige ihrer Kompositionen auch der engeren Heimat gewidmet haben. Die Titel der jetzt herauskommenden Schallplatten von den Pretuler-Buam sind: Unser Heimatgraben (Polka mit Gesang), Gruß vom Königskogel (Polka), Mit den Sternen (Walzer), Das traurige Dirndl (Walzer mit Gesang).

Ob sie nun Walzer, Lieder oder Märsche spielen, immer bleibt ihre Interpretation frisch und ungekünstelt, so dass schon unzählige Menschen viele schöne Stunden guter Unterhaltung von diesen rührigen Langenwanger Musikern geschenkt bekamen.

Im Artikel wird erwähnt, dass die Besucher der Grazer Frühjahrsmesse im Jahre 1962 die Pretuler Buam bereits kennenlernen durften. Die Grazer Messe war seinerzeit schon weit über die Landesgrenzen hinweg bekannt.

Den Neug'rigen zur Messezeit —
Werden Augen, Mund und Ohren weit!

Alte Ansichtskarte von der Grazer Messe

Weiters geht die Popularität der Pretuler-Musik im Radio (Wunschkonzerte, etc.) aus dem Zeitungsartikel deutlich hervor, denn bereits zu dieser Zeit waren die wunderschönen Lieder und heimatlichen Liedertexte nicht mehr aus dem Radiowunschprogramm der Zuhörer wegzudenken.

Es hätte keine bessere Werbung für die neu erscheinenden Plattenaufnahmen geben können, als diesen Zeitungsartikel im Obersteirer, der das weitere Bekanntwerden der jungen Volksmusikgruppe damit förderte.

Zum Abschluss des Zeitungsartikels gibt es einen Satz, der die Beliebtheit der fünf Pretuler Musikanten mit ihren Liedern im Namen aller Musikfreunde zum Ausdruck bringt:

> Schallplatten, nicht zuletzt aber das Wirken der Musiker bei volkstümlichen Veranstaltungen innerhalb und außerhalb ihrer engeren Heimat bedeuten eine weitere begrüßenswerte Bereicherung der steirischen bzw. österreichischen Volksmusik.

Eine Platte nach der anderen wurde aufgenommen. Es folgten ständig neue Lieder – eigens von den Fünf komponiert und getextet, wovon heutige Stars und die Musikbranche oft nur träumen können.

Folgende internationale Auftritte haben die Pretuler Buam bestritten und damit ihre Popularität erweitert:

- **Schweiz 1965 und 1967**
  einen Monat mit weiteren steirischen Gruppen in Winterthur. In der Musikszene Winterthur findet man bislang noch die größte Übersicht aller Bands der „Volksmusik"-Branche.

- **Slowakei-Radio Pressburg 1968**
  die Stärke dieses Senders liegt in der Konzentration auf deutschsprachiges Unterhaltungsprogramm.

- **Düsseldorf 1969 und 1970**
  ebenfalls bei einer internationalen Volksmusikveranstaltung, ähnlich des heutigen Events „Frühlingsfest der Volksmusik".

- **Berlin 1971 und 1973**
  auf der berühmten Tourismusbörse, wo sich Musikgruppen aus ganz Europa trafen. Berlin – heute noch ein weltweit bekannter Name für die führende Fachmesse der internationalen Tourismus-Wirtschaft.

Der 1. Mai 1967 ist ein bedeutendes und unvergessliches Datum in der Geschichte der Musik. An diesem Tag fand der erste Auftritt der Langenwanger Pretuler Buam, die sich immer größerer Beliebtheit mit ihrer Volksmusik erfreuen konnten, im Fernsehen statt und Elvis Presley heiratete seine Freundin Priscilla Beaulieu in Las Vegas.

„Die steirische Roas", so der Name der Sendung, war eine Fernsehaufzeichnung in Knittelfeld und handelte von steirischem Brauchtum. Die Sendezeit betrug eine Stunde, wofür 203

31

Mitwirkende bei den Außen- und Innenaufnahmen in der Zeit vom 30. April bis 1. Mai in Knittelfeld tätig waren. Dem Zuseher bot man eine abendfüllende Sendung, in der die Urwüchsigkeit echten Volkstums präsentiert wurde.

Das steirische Volksbrauchtum, das eine Zeitlang in Vergessenheit zu geraten drohte, erfreut sich auch heute wieder zunehmender Beliebtheit. Denn was kann es schöneres geben als Volksmusikanten, die die Kunst der echten Volksmusik beherrschen und mit zünftigen Stückerln den Funken ihrer Freude an der Volksmusik auf ihre Zuhörer überspringen lassen.

Bauernregeln, Steirische Volksbräuche, Haussprüche, Rätsel und Leben nach den Mondphasen beschäftigen erneut Menschen und Medien. „Zurück zum Ursprung" heißt nicht nur eine Marke, sondern ist wieder die Devise vieler Menschen, die in der Ruhe ihre Kraft schöpfen.

Es folgten weitere Auftritte mit dem bekannten Fritz Edtmaier (1925-1982) von Radio Oberösterreich. „Kennst di aus?" und „I hob an Bauernkast'n" sind wohl noch allen Unterhaltungskennern in Erinnerung. Sollte heute ein älterer Mensch „Kennst di aus" sagen, könnte durchaus sein, dass der- oder diejenige um 1960 Sendungen und/oder Schallplatten von Fritz Edtmeier gehört hat. Der Oberösterreicher war damals einer der beliebtesten „Schmähbrüder" unseres Landes. Weitere bekannte Conférenciers, die gemeinsam mit den Pretuler Baum ihr Publikum mit Herz und Seele unterhielten, waren Franziska Sommer, Sepp Trummer, Sepp Kern, Hermann Wagner und die Radiomoderatoren Peter Girn und Lois Czeglovits.

Rosemarie Isopp be-grüßte mit Freude des Öfteren die Pretuler Buam als Gäste in ihrer Mittagssendung „Autofahrer unterwegs", die zum ersten Mal 1957 ausgestrahlt wurde.

Besonders lustig und unvergesslich waren die gemeinsamen Volks- tumabende, Frühschop-pen und Auftritte mit dem Langenwanger Dr. Karl Panzenbeck in ganz Österreich.

Dem „Frühschoppen im Grünen", dem Heimatabend mit Paul Hörbiger und Auftritte mit Fritz Muliar schlossen sich internationale Auftritte und renommierte Gastspiele an.

Eine lustige Episode gibt es zur Veranstaltung vom 21. Oktober 1962 in Wien zu erzählen. Nach dem gemeinschaftlichen Auftritt kam der bekannte Schauspieler Paul Hörbiger in den Umkleideraum der Pretuler Buam und sah das Bariton von Fritz Schöggl.

Er meinte, er hätte seinerzeit zuletzt selbst als junger Bub auf dem Bariton gespielt und bat daraufhin Fritz Schöggl, ob er versuchen dürfe ein paar Töne aus seinem Instrument heraus zu bekommen. Was für eine Frage! So versuchte sich Paul Hörbiger auf dem Bariton des Pretulers.

Eine sehr nette Geschichte, die alle amüsiert hatte und Fritz Schöggl nie vergessen wird. Hörbigers Töne auf dem Bariton zauberten jedem der fünf Pretuler ein Lächeln ins Gesicht und auch Paul Hörbiger war sichtlich erfreut über seine Versuche auf dem Bariton.

„Eine für die schneidigen Pretuler unvergessliche Veranstaltung", war in einem Zeitungsartikel über diesen Abend nachzulesen.

Der Aufstieg war getan. Weitere Tourneen und Heimatabende folgten, wobei oft schöne Stunden mit dem dankbaren Publikum gefeiert wurden.

Chauffiert wurden die fünf Pretuler in den Anfangszeiten von ihrem Freund, dem Taxilenker Karl Leodolter und später waren sie mit ihrem eigenen VW-Bus mit der Namensaufschrift Die Pretuler Buam unterwegs.

hinten von links:
Albert Feiner und
Fritz Schöggl
vorn von links:
Peter Wagner,
Karl Leodolter,
Alfred Dissauer
und Richard Zisser

von links: Fritz Schöggl, Richard Zisser, Peter Wagner,
Karl Leodolter, Alfred Dissauer und Albert Feiner

1970 beendete Richard Zisser sein Mitwirken in der Gruppe und Hermann Riegler trat an seiner Stelle als Harmonika-Spieler ein. Ein neues Bild der Pretuler Buam entwickelte sich und abermals wurden neue Titel auf Schallplatten gebracht. „Am meisten sauft die Musi" war der Titel der ersten Langspielplatte mit der neuen Besetzung und, wie nicht anders zu erwarten, ein Erfolg Original österreichischer Volksmusik in jeder Hinsicht.

Die neue Besetzung ab 1970
von links: Alfred Dissauer, Albert Feiner, Peter Wagner, Fritz Schöggl, vorne Hermann Riegler

Am 22. August 1972 berichtet die „Neue Zeit" über das Entstehen und die Erfolge der Pretuler Buam in einer weiteren Tagesausgabe. Die Neue Zeit informierte über Nachrichten aus aller Welt und über Neuigkeiten in der Region. Darin heißt es u.a.: *„Gastspielverträge mit Deutschland und der Schweiz wurden abgeschlossen, weitere Rundfunk- wie auch Fernsehauftritte kamen hinzu. Ein Sprichwort sagt: ‚Wer rastet, der rostet' – dies trifft allerdings nicht bei den Pretulern zu."*

Lieder der Volksmusik erleben weiterhin einen Aufschwung und etliche neue Musikgruppen spielen die Kompostionen von Alfred Dissauer und seinen Musikanten auf eigenen Veranstaltungen nach. Die Musik der Pretuler Buam wurde seinerzeit bereits zur großen Freude des Publikums Bestandteil der Programme anderer Musikgruppen. Es wird nach der Musik der Pretuler Buam in unvergesslichen Stunden getanzt, geschunkelt und gesungen. Die fünf Pretuler sind Vorbild für viele Volksmusikgruppen und ihre Kompositionen werden gerne nachgespielt.

Befreundete Musikgruppen, mit denen sie gemeinsame Auftritte hatten oder auch Schallplattenaufnahmen machten, waren die Kernbuam, die lustigen Obersteirer, die Volksmusikgruppe das Berglandecho, die Geschwister Pfeilstöcker und die Stainzer Buam, um nur einige zu nennen.

Lieder in sich zu tragen und sie mit Freunden zu singen war auch die Freude der Pretuler Buam und so sangen und spielten sie in klingender Gesellschaft ihrer Musikkameraden und -kameradinnen. Dies ist ein Zeugnis außergewöhnlicher Musikalität ohne Konkurrenzdenken.

Von der Komposition zum Titel und Plattencover

Den Bezug zur Feinerschmiede herzustellen ist nicht schwer, wenn man die Familie Feiner kennt. Der Vater von Bandmitglied Albert Feiner, Engelbert Feiner, war der Onkel vom Schmiedemeister Johann Feiner und hat im familiären Schmiedemeisterbetrieb mitgearbeitet.

Bevor Engelbert Feiner seinen wohlverdienten Ruhestand antrat, kamen die Pretuler Buam in die Schmiede, um mit einem musikalischen Gruß zu gratulieren. Kurz zuvor hatten sie ein Lied komponiert und waren auf der Suche nach dem passenden Titel dafür. So entstand die geniale Idee, den Walzer „Die Alte Schmiede" zu nennen. Bei einer guten Jause wurden wunderschöne Fotos gemacht und eines davon ziert das Plattencover der Single „Heut möchte' ich tanzen".

Die unvergesslichen Fotoaufnahmen in der alten Feinerschmiede zeigen, mit wieviel Freude die fünf Pretuler an ihr Werk gingen und dass ihre Bühne überall sein konnte.

Die fünf Pretuler Musikanten gingen mit dem Fortschritt der modernen Technik. Den Schallplatten der Pretuler Buam folgten Anfang der 1980er Jahre die Musik-CDs.

Mit der Meinung „20 Jahre sind genug" ging die aktive Zeit der Volksmusikgruppe Pretuler Buam zu Ende. Die fünf Musikanten verabschiedeten sich am 9. Feber 1980 bei einem letzten gemeinsamen Auftritt am Kindberger Jägerball von ihrem treuen Publikum.

Die einfühlsamen Texte über ihre Heimat, das Leben der Leute und die schöne Bergwelt stimmen nachdenklich und lassen in vielen Menschen schöne Erinnerungen wach werden.

Diese Empfindungen verdeutlichen wieder einmal mehr, dass Musik keine Grenzen kennt, sondern verbindet. Musik bringt Jung und Alt, Tradition und Moderne zusammen und ohne Musik wäre das Menschsein langweilig. Das gilt für alle Stilrichtungen.

Musik erfreut und hilft weiter, ermutigt, tröstet und ist ein nicht wegzudenkender Bestandteil des Lebens. Unverkennbar ist die Musik der Pretuler Buam, egal ob auf einer alten Langspielplatte, Single oder CD. Gespielt im Radio oder am eigenen Gerät erfreut sie sich heute

noch großer Beliebtheit und wird unvergesslich bleiben.

Meilensteine der Laufbahn

1960	Alfred Dissauer gründet die Pretuler Buam
1962	Erste Plattenaufnahme bei Polydor
14. Juli 1962	Artikel im Obersteirer über die Mürztaler Musikgruppe Pretuler Buam und ihre Volksmusik
21. Oktober 1962	Heimatabend mit Paul Hörbiger, Fritz Muliar, Maxi Böhm, u.v.a.
1965 & 1967	Auftritte in der Schweiz in Winterthur
1. Mai 1967	Erster Auftritt im Fernsehen bei der „Steirischen Roas" und Zeitungsberichte
1968	Radio Pressburg
1969 & 1970	Auftritte in Düsseldorf
1970	Richard Zisser scheidet aus der Gruppe aus, Hermann Riegler wird neues Bandmitglied der Pretuler Buam
1971 & 1973	Auftritt in Berlin bei der Tourismusmesse
1972	Medienberichte über Fernsehauftritte, Radiosendungen und Auslandsbesuche
1972	Besuch in der Feinerschmiede
9. Feber 1980	Die Pretuler Buam verabschieden sich vom Publikum beim Jägerball in Kindberg

Diskographie 1960-1980 und Liedertexte

Die Pretuler Buam haben während ihrer 20jährigen Laufbahn als Musikanten 55 Titel gespielt. Die meisten davon sind von den Fünf selbst getextet und komponiert.

Die nachfolgende Diskographie der als Tonträger veröffentlichten Werke der Gruppe beschränkt sich auf Schallplatten und CDs.

Insgesamt sind die Lieder der Pretuler auf fünf eigenen Tonträgern sowie auf Platten mit anderen Künstlern verewigt. Begleitet wurden diese Aufnahmen von zahlreichen Singleveröffentlichungen.

Polydor Austria

2440 006

Steirer Kirtag	Mir Pretuler Buam
Draussen am Land	Zwei Brüder
Beim Grabenwirt	Durchs Mürztal
Verliebte Leute	Das Humta Tätärä
Nagelschmied-Lena	Bärenkogel-Polka
Gruss aus Mariazell	Auf zur Hasenjagd

Polydor Austria

2440 048

Petri Heil	Ja, wenn nur heut schon
	Freitag wär
Am meisten sauft die Musi'	Von der Schneealm
Am Hochsitz	Automobil-Polka
Heut möcht' ich tanzen	Zur Sommerszeit
Lustig geht's zua	Drunt im Lichtental
Schneidige Pretuler	Wir kommen wieder

In meinem Heimattal

Polydor Austria

2440 080

Frohe Stunden
Max und Moritz
Komm zu mir
Barbara-Polka
Zur Abendstunde
Ich liebe die Berge

Heut san ma alle sexy
Heut san ma da
In meinem Heimattal
Hupf' drauf Resi
Annemarie
Am Semmering

Polydor Austria

164 614

Auf der Wirtshausbank*   Kleines Mäderl komm*
Die steirischen Berg'   Der Saubär
Wenn der Auerhahn balzt   Greithner-Polka
Kohlreserl-Polka   Vogerl im Tannenbaum
I hab' an Rausch'   Aus weiter Ferne*
Der Kleeplatz   Greane Fenster, blaue Gatter
Vergangene Zeiten*   Heimatklänge*

*Gemeinsame Plattenaufnahme mit anderen Künstlern, * Lieder der Pretuler Buam*

46

Singendes, klingendes Steirerland

Polydor Austria

46 913

Heut' sind wir in Stimmung	Steiermark mein Heimatland
Schildhahn-Walzer*	Das Freitagskind
Sehnsucht nach der Heimat	Wenn i von der Alm obageh'
Stainzer Marsch	Das Jodeln is' mei' Freud
Über d'Schneid*	Das Tabakraucherlied
Ich grüße dich	Und wenn alles blüht
Mei Freund is' a Luder	Köppel-Polka

*Gemeinsame Plattenaufnahme mit anderen Künstlern, * Lieder der Pretuler Buam*

AST RECORDS

CD 10.006

Mir Pretuler Buam	Am meisten sauft die Musi'
Auf zur Hasenjagd	Lustig geht's zua
Petri Heil	Annemarie
Ich liebe die Berge	Max und Moritz
Hupf' drauf Resi	Ja, wenn nur heut schon
	Freitag wär
Heut' möchte ich tanzen	Barbara

In meinem Heimattal

In meinem Heimattal, da blüh'n die Rosen, in meinem Heimattal bin ich zuhaus, ging in die Fremde fort und suchte dort mein Glück, jedoch die Sehnsucht, die zieht mich zurück.

In meinem Heimattal, da blüh'n die Rosen, in meinem Heimattal da wohnt mein Schatz, ich freue mich schon sehr auf unser Wiedersehen, da werd' ich nimmer, nimmer von dir geh'n.

Annemarie

Annemarie, Annemarie, Schätzle ade.
Annemarie, Annemarie, scheiden tut weh.
Annemarie, Annemarie, heut' muss ich fort.
Annemarie, Annemarie, von Ort zu Ort.
Weil ich heut' scheiden muss, gib mir den Abschiedskuss, weil ich so lieb dich hab' Annemarie!

Die Nagelschmied Lena

Aber ja, ja – die Nagelschmied Lena,
aber ja, ja – sie wär halt gern schöner.

Sie hat krumme Haxn, aber tanzen tuat's.
Sie hat kane Zähnt, aber keppln tuat's.
Sie hat kane Haar am Kopf, kampel tuat's.

Den no' aber ja, ja, die Nagelschmied Lena.

Das „Humbta – Tätärä"

Man hört so oft, die Blasmusik ist heut nicht modern,
und trotzdem hör' ich sie halt immer wieder gern.
Denn überall, wo Blasmusik erklingt, ihr lieben Leut',

ja da herrscht Jubel, Trubel, Heiterkeit.
Schießt bei uns der Sportverein am Sonntag mal ein Tor,
steht alles auf dem Kopf, denn das kommt selten vor.
Dann geht es mit „hipp-hipp-hurra" in's Dorf vor'm Fussballplatz,
denn im Vereinslokal gibt's dann Rabatz.

Wenn bei uns ein Festzug geht, dann steh'n am Straßenrand, die
Menschen aus der Stadt und auch die Leut vom Land. Kommt die
Kapell' dann anmarschiert, im Rhythmus und im Takt, ihr glaubt ja
nicht, wie das gleich jeden packt.

Ja, da geht's humta, humta, humta tä-tä-rä, da ruft der ganze Saal:
„dasselbe noch einmal".

Ich liebe die Berge

Ich liebe die Heimat, die Berge und See'n, nie wird' ich im Leben in
die Fremde geh'n. Ich liebe die Hütten, mein Häuschen so klein, bin
gern bei dem Liebsten um glücklich zu sein. Ich liebe die Wälder, die
Blumen so sehr. Ich brauch' keine Insel am blauen Meer. Ich brauch'
nur die Berge um oben zu steh'n, es ist doch was Schönes ins Tal zu
sehn'n. Keiner im Leben könnt' mir so viel geb'n dass ich soll gehen
von den Bergen und See'n, denn ohne die Berge hätt' ich kein zuhaus,
drum geh ich niemals in die Fremde hinaus.

Ja, wenn nur schon Freitag wär

Sieben Tage in der Woche das ist lang, darum brauch ich ab und zu
„nen Rückwärtsgang". Was nützt die schönste Arbeitszeit, denn bis
zum Freitag ist's noch weit.

Alle rennen sie dem Geld nur hinter her, trotzdem ist das Portmonee
fast immer leer, drum denk ich mir auch jeden Tag, dass ich die
Arbeit gar nicht mag.

Ein paar Jahre noch dann setz ich mich zur Ruh', und dann schau' ich allen Anderen nur noch zu, bis dann tröst ich mich wie du und sing zum Schluss mein Lied dazu!

Ja, wenn nur heut schon Freitag wär, da wär die Woche halb so schwer und darum wünsch ich mir so sehr, ja, wenn nur heut schon Freitag wär!

Goldene Ereignisse

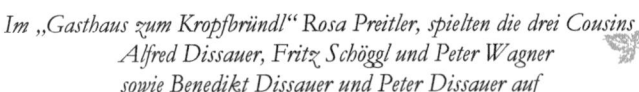

*Im „Gasthaus zum Kropfbründl" Rosa Preitler, spielten die drei Cousins
Alfred Dissauer, Fritz Schöggl und Peter Wagner
sowie Benedikt Dissauer und Peter Dissauer auf*

Goldene Hochzeit Johann und Theresia Zelinka

Maibaumumschneiden beim Wirt'n Kaindl im Pretulgraben

*Die Pretuler Baum auf der Geiswand
beim Lenzbauer im Pretul...*

ıe der Pretuler
Marterl von
t Feiner
Igraben

...und auf der Bühne beim Aufspielen zum Tanz

...oder einfach nur zur Gaudi

55

...oder gerne im Freien

*I*n memoriam – Dr. Karl Panzenbeck

Dr. Karl Panzenbeck, ebenfalls ein Sohn der Marktgemeinde Langenwang, hat die Pretuler Buam auf unzähligen Auftritten begleitet und dabei moderiert, das Publikum mit seinem feinsinnigen Humor zum Lachen gebracht.

Zahlreiche Rundfunksendungen, Frühschoppen und Fernsehauf-tritte, Bücher und Schallplatten, auch gemeinsam mit den Pretuler Buam, haben Karl Panzenbeck in Österreich und im angrenzenden Ausland zu einem der erfolgreichsten volkstümlichen Humoristen und Schmähführer werden lassen. Bekannteste Werke: „Das viereckige Dreieck", „Der Ringhofer, der Doktor, die Mitzi und ich", sowie „Der Bär und mehr so Viechereien" gehören zum Bestandteil köstlicher steirischer Humorliteratur.

Als zutiefst heimatverbundener Künstler war er ein unübertrefflicher Interpret steirischen Humors. „Von der Gutenbrunner Seite her", wie er selbst sagt, stammte wohl seine scharfe Beobachtungsgabe, die es ihm ermöglichte, die Schwächen der verschiedenen Menschentypen, den zerstreuten Professor, den ehrbaren Bürger, das kluge Bäuerlein, den schlagfertigen Arbeiter und nicht zuletzt die verschiedenen Frauentypen, klar zu erfassen und mit der Kraft seiner künstlerischen Phantasie und dem sicheren Können des begnadeten Humoristen lächelnd zu charakterisieren.

Eine gemeinsame CD und MC der Pretuler Buam mit dem Edler Trio und Karl Panzenbeck, erschienen im Jänner 1998, beweist wiederum das einzigartige Können dieser steirischen Künstler.

ORF

ORF ST
MC0003

Karl Panzenbeck(1)
Das Edler Trio, die Pretuler Buam
mit Karl Panzenbeck in Waglbach

Karl Panzenbeck(1)
Das Edler Trio, die Pretuler Buam mit Karl Panzenbeck in Waglbach
Originalaufnahmen aus dem Volksmusik-Archiv von Radio Steiermark
Aufnahmeleitung: Franz Steiner
ORF-Grafikdesign, Karl Markus Maier
Eine Produktion des
Club Radio Steiermark

ORF
STEIERMARK

Panzenbeckereien

Unvergessen bleibt der Name Karl Panzenbeck. Er, der steirische Meisterhumorist und „Grazer Früh- schoppler" verstand es wie kein anderer, in der Sprache des Volkes sein Publikum zu unterhalten. Er verstand es aber auch ebenso gut, den Leuten aufs Maul zu schauen. Er beobachtete den kleinen Mann, den Forstgehilfen, den Jäger, studierte Originale aus dem bäuerlichen Lebenskreis. So war auch sein Humor ungezwungen kräftig und immer trefflich pointiert. Bauernphilosophie und Bauernschläue spiegelte sich in seinen heiteren Geschichten wider.

Karl Panzenbeck war ein Schulmeister mit Doktorhut. Er wußte meisterhaft die Feder zu führen und mit vollendeter Perfektion und Routine seine Geschichten vorzutragen. Ihm zuzuhören bereitete immer Stunden der Freude. Panzenbeck spendete Humor in einer Zeit, in der er trotz Wohlstand bereits Mangelware geworden ist.

Mit Waglbach ist Karl Panzenbeck in seinen Frühschoppenkonzerten an sein Hörerpublikum herangetreten. Waglbach ein Ort, den man auf der Landkarte vergeblich sucht.

Eine Auslese seiner lustigsten Schnurren, Schwänke und heiteren Begebenheiten aus der „Waglbacher Zeit" servieren wir Ihnen nun auf der Musikkassette.

Kultus heißt laut Wörterbuch „verehrungsvolle Pflege", und diese haben sich die Pretuler Buam mit ihrer einzigartigen Musik zum Leitbild gemacht.

Ihre Lieder sind ebenfalls Volkskultur geworden und belegen dies unentwegt. Es ist nämlich auch Volkskultur, wie sich die Menschen sehen und in einem Text wieder finden, wenn die fünf Musikanten aus dem Pretulgraben mit Würde und Stolz über ihre Heimat und die Menschen singen. Sie singen darüber, was sie im normalen Alltag erleben und empfinden – von ihrer Lebensweise, die mit einer überlieferten Ordnung und der Volkskultur im Einklang steht.

Historische Ansichtskarte „Gruss aus Langenwang" mit Tracht

Die Pretuler Buam

*D*ie Buchpräsentation

Am 21. Juni 2008 wurde das vorliegende Buch „Die Chronik der Pretuler Buam" in seiner ersten Auflage im Zuge eines musikalischen „Bunten Abends" in Langenwang präsentiert.

Mitwirkende:

- Die Geschwister Pfeilstöcker
- Die Pretuler Musi
- Fred Feiner
- Fritz Schöggl, Peter Wagner und Hermann Riegler
- Manfred Polansky
- zahlreiche, freiwillige Helfer und Helferinnen

Durch den gemütlichen Abend führte Manfred Polansky, der auch einen eigenen Kurzfilm über die Pretuler Buam zeigte. Die Veranstaltung wurde von Rudolf Hofbauer und Bürgermeister Max Haberl eröffnet. Von den Musikanten der Pretuler Buam waren der Mitautor Fritz Schöggl, Peter Wagner und Hermann Riegler anwesend. Franz Preitler begrüßte die zahlreichen Gäste und bedankte sich für die Mitarbeit und das Gelingen an diesem Abend.

*P*resse

Zahlreiche Zeitungen berichteten über die Buchpräsentation zu den legendären Pretuler Buam, ihre Geschichte sowie dem „Bunten Abend".

KLEINE ZEITUNG
DONNERSTAG, 26. JUNI 2008

LEUTE

Die Pretuler Buam mit ihren Gästen bei der Vorstellung ihrer Chronik im Volkshaus von Langenwang DAMBERGER

Geschichte der Pretuler Buam

Die „Pretuler Buam" sind legendär, jetzt ist ihre Chronik erschienen.

Von 1960 bis 1980 waren die „Pretuler Buam" aus Langenwang der Inbegriff steirischer Volksmusik. Sie bestanden aus den fünf Bleckmann-Arbeitern **Albert Feiner, Alfred Dissauer, Fritz Schöggl, Richard Zisser** und **Peter Wagner** und sind bis heute unvergessen geblieben. Wer sich mit der Geschichte dieser legendären Musiker beschäftigen will, kann dies jetzt ganz leicht tun. **Franz Preitler** und Fritz Schöggl verfassten gemeinsam eine 56-seitige, reich bebilderte Chronik über die Pretuler Buam und ihre vielen musikalischen Erfolge, ihre Konzertreisen in die Schweiz, nach Deutschland oder die Tschechoslowakei. Die Gruppe war auch ein wichtiger Werbeträger für die Gemeinde Langenwang und nahm zahlreiche Langspielplatten auf. Die neue Chronik wurde bei einem Bunten Abend im Volkshaus Langenwang vorgestellt, wobei die junge „Pretuler Musi" und die Familienmusik Pfeilstöcker den musikalischen Teil bestritten. Kulturreferent **Rudolf Hofbauer** begrüßte die Gäste, **Manfred Polansky** führte durch das Programm.

Ein Buch über die legendären Buam

Franz Preitler präsentierte die Chronik der legendären Pretuler Buam im Volkshaus Langenwang.

HEINZ VEITSCHEGGER

Von links nach rechts: Autor Franz Preitler, Hermann Riegler, Peter Wagner, Fritz Schöggl und Bürgermeister Max Haberl.

Von 1960 bis 1980 waren die Pretuler Buam aus Langenwang der Inbegriff steirischer Volksmusik. Vergangenen Samstag wurde ihre Chronik präsentiert. Viele Freunde der Pretuler Buam – Alfred Dissauer, Albert Feiner, Fritz Schöggl, Peter Wagner, Richard Zisser und Hermann Riegler – folgten der Einladung zur Buchpräsentation in das Volkshaus Langenwang.

Der freischaffende Autor Franz Preitler hat mit dem ehemaligen Baritonspieler der Pretuler Buam Fritz Schöggl die Geschichte der legendären Mu-

Die Pretuler Buam in der Besetzung zwischen 1960 und 1970. Veitschegger (2)

siker in einem Buch mit zahlreichen Bildern zusammengefasst. Darin beschrieben sind Schallplattenaufnahmen, Rundfunksendungen, Fernseh- und Bühnenauftritte in Österreich, der Schweiz und Deutschland sowie Erinnerun-

gen an Auftritte mit Karl Panzenbeck, Peter Girn, Fritz Edtmaier, oder mit Paul Hörbiger und Fritz Muliar anno 1962 in der Wiener Stadthalle. Der eigenständige Klang der zwei Klarinetten, dem Bariton, der steirischen Harmonika und Gitarre, prägte die Musik. Zur Buchpräsentation spielten die Nachfolger, die „Pretuler Musi" und die „Geschwister Pfeilstöcker".

65

BUNTER ABEND IN ERINNERUNG AN DIE „PRETULER BUAM"

Das Kulturreferat der Marktgemeinde Langenwang lud am Samstag, den 21. Juni zu einem Bunten Abend ein, der an Qualität und Stimmung nicht zu überbieten war. Mit dem abwechslungsreichen Programm wurde die Zeit für die begeisterten Besucher im Volkshaus um rund 30 Jahre zurückgedreht. Anlass der Veranstaltung war die Buchpräsentation der Chronik der Pretuler Buam, die der Langenwanger Autor Franz Preitler gemeinsam mit dem ehemaligen Gruppenmitglied Fritz Schöggl zu Papier gebracht hat.

Den Auftakt des Abends machte die einheimische „Pretuler Musi", die gekonnt die größten Erfolge der Pretuler Buam aufspielten. Zur Gestaltung des umfassenden Rahmenprogramms trugen auch die Pfeilstöcker, der bekannte Familiengesang aus Oberaich, bei. Manfred Polansky führte mit ganzem Herzen durch den Abend und hatte eigens eine Präsentation mit außergewöhnlichem Foto- und Tonmaterial über die beliebten Volksmusiker Pretuler Buam vorbereitet. Für humorvolle Magie sorgte Fred Feiner mit sei-

nen unvergleichlichen Zaubertricks und brachte das Publikum mit seinem Schmäh zum Lachen.

Den Höhepunkt der Veranstaltung durfte das teilweise weit angereiste Publikum im bis auf den letzten Sitzplatz gefüllten Volkshaussaal mit der Buchpräsentation und Eröffnung der dazugehörigen Ausstellung erleben. „Die Pretuler Buam und ihre Lieder sind Volkskultur geworden und belegen dies unentwegt", so der Autor Franz Preitler. Mit der Chronik ihrer unvergesslichen Zeit würdigt Preitler die Erfolgsgeschichte der fünf Musiker aus Langenwang und lässt die Leser und Volksmusikfreunde an den persönlichen Erinnerungen, Fotos sowie Liedertexten einzigartig teilhaben. Ergänzend zum Buch kamen die Besucher in den Ge-

nuss einer Ausstellung mit zahlreichen Exponaten der Volksmusikgruppe, u.a. Tracht, Instrumente, Noten, Tonträger und Plakate von ihren vergangenen Auftritten im In- und Ausland. Zur Freude der Gäste signierte nicht nur der Co-Autor Fritz Schöggl, sondern auch die weiteren anwesenden ehemaligen Pretuler Buam Peter Wagner und Hermann Riegler ihre Chronik.

Das Buch „Die Pretuler Buam – Chronik ihrer unvergesslichen Zeit" kann bei der Raiffeisenbank Langenwang sowie über info@words4you.at käuflich erworben werden.

v.l.n.r.: Franz Preitler, Hermann Riegler, Peter Wagner, Gottfried Schöggl, Bgm. Max. Haberl

Gemeindezeitung Juli 2008

Bunter Abend in Langenwang

Am Samstag, 21. Juni, beginnt um 19 Uhr im Volkshaus Langenwang ein Bunter Abend mit der Pretuler Musi und der Familie Pfeilstöcker.

Im Rahmen dieser Veranstaltung des Langenwanger Kulturreferates wird auch das Buch „Die Pretuler Buam" präsentiert und eine Ausstellung zur Erinnerung an diese seinerzeit besonders erfolgreiche Langenwanger Musikgruppe eröffnet. Die Ausstellung ist auch am Sonntag, dem 22. Juni, im Volkshaus vor 10 bis 17 Uhr zu sehen.

REGIONAL

Eine Chronik für die „Pretuler Buam"

Die „Pretuler Buam" - eine aus fünf Bleckmann-Arbeitern bestehende Mürztaler Volksmusikgruppe - sind bis heute unvergessen geblieben. 20 Jahre, von 1960 bis 1980, haben Albert Feiner, Alfred Dissauer, Fritz Schöggl, Richard Zisser und Peter Wagner gemeinsam musiziert.
Im Rahmen eines Bunten Abends wurde im Volkshaus Langenwang ein Buch mit der Chronik dieser einst so beliebten Musikgruppe präsentiert. Franz Preitler und Fritz Schöggl bringen die vielen musikalischen Erfolge der „Pretuler Buam" nicht nur

Die beim Bunten Abend mitwirkenden Musiker mit Vizebgm. Rudolf Hofbauer sowie den Buchautoren Franz Preitler und Fritz Schöggl.

*A*usstellung

Zusätzlich zur Buchpräsentation hat es eine eigene Ausstellung zu den Utensilien der Pretuler Buam und Karl Panzenbeck gegeben, die auch am darauffolgenden Sonntag geöffnet war.

*F*otos zur Veranstaltung

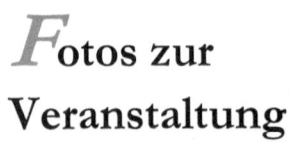

Zeitfracht Medien GmbH
Ferdinand-Jühlke-Straße 7
99095 Erfurt, Deutschland
produktsicherheit@kolibri360.de